SOCIÉTÉ ALFRED BINET

Secrétariat : 3, Rue de Belzunce. Paris-X^e

TESTS D'ORTHOGRAPHE

TECHNIQUES PARTICULIERES

Orthographe d'usage : Adjectifs

(*Cf. Bulletin de la Soc. A. Binet, N°s 194-195*)

1° Distribuer les feuilles.

2° Faire remplir les rubriques du haut de la page : nom, etc.

3° Expliquer aux enfants qu'on va faire une dictée au cours de laquelle ils n'auront qu'à écrire les mots qui ne figurent pas sur le texte entre leurs mains.

4° Dicter.

un plateau *ovale*	un *vieux* meuble	un *sot* propos
un éléphant *blanc*	un fruit *nouveau*	un nombre *premier*
un fruit *sec*	un ordre *bref*	un fromage *mou*
un châle *violet*	un *long* chemin	un bonnet *turc*
du vin *doux*	un martyr *chrétien*	un discours *trompeur*
un bras *vengeur*	un prince *dévot*	un poisson *frais*
un aveu *franc*	un désir *exprès*	un bandit *mexicain*
un instrument *utile*	un *vieil* édredon	un discours *belliqueux*
un air *favori*	un *nouvel* habit	le jugement *dernier*
un terrassier *las*	un compagnon *joyeux*	un *mol* abandon
un regard *inquiet*	un remède *bénin*	un écrivain *public*
un ton *roux*	un soulier *mignon*	

Correction

1° Pour un classement des enfants compter le nombre des adjectifs correctement écrits.

2° Pour l'enseignement, distinguer :

a) fautes dans le corps du mot ;

b) fautes sur sa terminaison :

α) terminaisons que la connaissance du féminin peut aider à retenir ;

β) terminaisons pour lesquelles ce secours fait défaut.

138 homonymes

(*Cf. Bulletin Société A. Binet, N° 196-197*)

1° On remet une feuille à chaque enfant et on lit chaque phrase en la complétant par les mots qui lui conviennent, d'après la liste ci-dessous. L'enfant n'a donc que ces mots à écrire :

1. chemineau — cheminot (1)	4. houe — houx
2. l'alêne — haleine	5. intersession — intercession
3. héraut — héros	6. kermesse — kermès

(1) Les deux orthographes sont admises pour le chemineau, mais il semble que l'usage tende à donner à la seconde une signification spéciale.

1.

7. sol — sole — saule
8. tain — teint — thym
9. tic — tiques
10. tribu — tribut
11. voie — voix
12. volatile — volatil
13. (levreau) — levraut
14. lice — lisse — lys ou lis
15. lutter — luter
16. ris — riz
17. Foix — foie — Foy — fois — foi
18. écot — écot — écho
19. fonts — fonds — fond — font
20. comte — comptes — conte
21. cuisseau — cuissot
22. date — dattes
23. défère — défaire — déferre
24. galon — gallon
25. j'ai — geai — jais — jet
26. galle — gale
27. Agathe — agate
28. ère — hère — haire — air — aire
29. amande — amende
30. arrhes — ares
31. bayer — bailler
32. balle — bale
33. Baptiste — batiste
34. chaire — chair — chère — cher
35. voltes — volts
36. plan — plants
37. pène — penne — peine
38. plinthe — plainte
39. Mai — maie — mets — mais — mes — *ad libitum*
40. marc — mare
41. Marie — marrie — mari
42. mythe — mite
43. pause — pose
44. raie — rais — rets
45. raz — ras — rats
46. saut — sot — seau — sceau — sceaux
47. satires — satyre
48. cinq — sains — ceints — (ceinture) — sein — seing — saint
49. courre — cour — court — cours
50. ancre — encre
    coke — coq
    poix — poids — pois

Correction

1° Totaliser par enfant le nombre de mots bien orthographiés.

2° Pour l'enseignement, chercher ceux de ces mots qui sont bien orthographiés par les 3/4 des élèves de la classe et déterminer ainsi ceux sur l'orthographe desquels il convient particulièrement d'insister.

Pluriel des noms

(Cf. *Bulletin de la Soc. A. Binet*, N° 192-193)

1° Expliquer aux enfants par un exemple au tableau de ce qu'ils vont avoir à faire :

« Sur les feuilles que nous allons vous distribuer, vous allez trouver une liste de mots, et, à côté de chaque mot, un article au pluriel :

un chat, des.....

« Vous n'aurez qu'à écrire en face de chaque mot le même mot au pluriel... »

2° Lorsque les enfants paraissent avoir compris, effacer les exemples au tableau et distribuer les feuilles.

Aucune limite de temps n'est fixée. Faire remettre sa feuille par chaque enfant dès que son travail est terminé.

Correction

1° Pour un classement des enfants, additionner dans chaque copie les pluriels correctement orthographiés.

2° Pour l'enseignement, grouper les noms selon la variété du pluriel.

Pluriels simples.......		1, 9, 11, 21	
Mots en :	*s*	2, 12, 30	
	x	22, 31, 39	
	z	3, 31	
Mots invariables.......		10, 20, 46	
Mots en *au* *eau*		23, 32	Excep. : 14
Mots en *eu*		40	Excep. : 4
Mots en *ail*		8, 18, 44	Excep. : 28, 37, 45

Mots en *al*	6, 34, 42	Excep. : 7, 16, 17, 26 (?), 27, 35, 36, 43
Mots en *ou*	24, 33, 41	Excep. : 5, 15, 25
Mots à double pluriel (1)	19, 29, 38	

Féminin des adjectifs

(Cf. *Bulletin de la Soc. A. Binet*, N° 196-197)

1° Expliquer aux enfants, par un exemple au tableau, ce qu'ils vont avoir à faire :

« Sur les feuilles que nous allons vous distribuer, vous allez trouver une liste d'expressions comme :

un tiroir ouvert, une porte..........

« Vous n'aurez qu'à reprendre l'adjectif joint au premier mot pour le joindre au second. Ainsi :

un tiroir ouvert, une porte OUVERTE.

« Autre exemple. Supposons que vous trouviez écrit :

un lainage chaud, de l'eau..........

qu'avez-vous à écrire... ? »

(1) Si l'élève n'indique pas pour ces mots les deux formes du pluriel on n'acceptera comme correcte que la forme la plus courante ; on n'écrit notamment « les ciels... » que dans certaines acceptions qui doivent être déterminées par le contexte ; on n'écrit « les œils... » que dans certaines expressions,

2° Lorsque les enfants paraissent avoir compris, effacer les exemples au tableau et distribuer les feuilles.

Aucune limite de temps n'est fixée. Faire remettre sa feuille par chaque enfant dès que son travail est terminé.

Correction

1° Pour un classement des enfants, additionner dans chaque copie les féminins correctement orthographiés.

2° Pour l'enseignement, grouper les adjectifs selon la variété de leur féminin :

adjonction de la seule lettre *e* ;
redoublement de la consonne finale — et exceptions ;
renforcement par un accent grave ;
lettre *e* et tréma ;
féminins exceptionels, caduc, etc.

Adjectifs indéfinis et autres difficultés

(Cf. *Bulletin Soc. A. Binet*, N° 196-197)

1° On remet une feuille à chaque enfant et on lit chaque phrase en la complétant par les mots qui lui conviennent dans la liste ci-dessous. L'enfant n'a donc que ces mots à écrire :

Demi, un, etc...	1. demi — nu (ou nus) — nue 2. demie — demie 3. témoins 4. possible — possibles	Même	16. 17. 19. même 18. mêmes	
Adjectifs de couleur	5. jonquille — roses — tango — mordorés 6. blond cendré — jaune pâle — bleu foncé 7. rose vif	Tout	20. 21. tous 22. toute 23. tout 24. toute 25. 26. tout 27. toute	
Mots composés	8. ivres-morts 9. avant-coureurs 10. nouveau-nés ou nouveaunés !	Quelque	28. quelques 29. 30. quelque 31. quelques — quelque 32. quelle que — quels qu' 33. quelque tronc d'arbre	
Adjectifs Numéraux	11. un — sept 12. cent 13. quinze-vingts 14. quatre-cents trois-cent-dix-neuf ou trois-cents dix-neuf 15. quatre-vingt	Autres difficultés	34. quelles 35. leur tête — leurs têtes fauves et leurs dos bossus	

Correction

1° Totaliser par enfant le nombre de mots bien orthographiés.

2° Pour l'enseignement, chercher ceux de ces mots qui sont bien orthographiés par les 3/4 de la classe et déterminer ainsi ceux sur l'orthographe desquels il convient plus particulièrement d'insister.

Test **auxiliaires « avoir » et « être »**

1° On remet une feuille à chaque enfant et on lui fait écrire ses noms, prénoms, etc.

2° On explique qu'on va faire une dictée, mais une dictée où quelques mots seulement sont à écrire dans les phrases qu'on va lire. L'enfant n'aura donc qu'à lire la phrase en même temps qu'il l'entendra prononcer. Il remplira au fur et à mesure les blancs qu'il rencontrera.

Annoncer chaque fois le numéro d'ordre de la phrase qu'on va lire ; lire lentement, notamment la partie où le mot est absent, et accentuer ce mot légèrement.

Correction

1° Totaliser par enfant le nombre d'auxiliaires bien orthographiés.

2° Pour l'enseignement, chercher celles des formes qui sont bien orthographiées par les 3/4 de la classe, et déterminer ainsi celles sur l'orthographe desquelles il convient particulièrement d'insister, celles aussi qui ne réclament que des corrections individuelles.

Test **verbes en « e »** (temps et personnes)

Ce test peut être fait à la suite du test sur les auxiliaires avoir et être. Si on le préfère on le fera dans une autre séance en rendant à chaque enfant la feuille où il aura exécuté le premier test.

Explications préalables analogues.

Correction

Le but de ce test est de vérifier l'orthographe des formes de la conjugaison et non l'orthographe d'usage. On ne relèvera donc que les fautes qui portent sur les terminaisons.

1° Totaliser par enfant le nombre des terminaisons bien orthographiées.

2° Pour l'enseignement, chercher celles des terminaisons qui ne sont pas correctement orthographiées par les 3/4 des enfants. (Noter que la faute peut résulter d'une ignorance totale de la forme, ou simplement de la méconnaissance du temps auquel se trouve le verbe dans la phrase dictée).

Test **verbes en « e »** (formes particulières)

Même technique que pour le test précédent.

Correction

Le but de ce test est de vérifier l'orthographe que l'usage a provoquée sur certaines parties des verbes pour raisons de phonétique, ou autres. On ne relèvera donc que les fautes qui portent sur ces parties des verbes (1).

1° Totaliser par enfant le nombre des bonnes orthographes.

2° Pour l'enseignement, chercher les formes qui ne sont pas correctement orthographiées par les 3/4 des enfants. Constater aussi la nature des fautes relevées pour chacune d'elles.

Phrases à dicter :

I. AUXILIAIRES : 1. Si tu y réfléchis tu *seras* le premier *à* convenir qu'il n'y *a* pas de sot métier. — 2. Je *suis* plus âgé aujourd'hui que je n'*étais* le mois dernier. — 3. Le cheval, le chien et le bœuf *sont* des animaux domestiques. — 4. Il n'*est* personne qui puisse dire : je n'*ai* pas de défauts. — 5. Bien qu'ils *soient* de petite taille, les roquets, *étant* très bruyants, suffisent à effrayer les voleurs. — 6. Puisque tu *as* la chance de posséder tes vieux parents il faut que tu *aies* pour eux toutes sortes d'attentions. — 7. Quand il *aura* neuf mois cette mère sèvrera son enfant. — 8. Quelle *fut* la joie des matelots de Colomb en apercevant la terre ! — 9. Tu *es* jeune, *aie* confiance en l'avenir. — 10. Enfants, *soyez* prudents. — 11. *Ayant* raison nous *sommes* décidés à nous défendre. — 12. Il y *avait* deux jours que le navire *était* parti lorsque la tempête éclata. — 13. Quoi qu'il m'*eût* dit je l'*aurais* cru tant j'*avais* confiance en lui. — 14. Si les Américains *ont* trop d'or, nous *avons*, nous, trop de dettes. — 15. Après avoir *été* reçu chez le directeur à peine *ai*-je *eu* le temps de passer à la poste.

II. *Verbes en* e. TEMPS ET PERSONNES. — 1. Je *lutterai* jusqu'au bout. — 2. Un pompier *escalada* le mur. — 3. En *chantant* tu *effarouchas* le gibier. — 4. Si tu *aimes* ton métier tu le *trouveras* facile. — 5. Pendant que nous *taillons* cette haie, vous *ratissez* l'allée afin que nos visiteurs *trouvent* le jardin en bon état. — 6. Ces messieurs *fumeront* leur cigare pendant que nous nous *habillerons*. — 7. Louise *écrira* sans faute : les vagues *balayaient* le pont ; le navire *semblait* perdu ; nous *risquions* tous de périr ; seul je *possédais* la rare fortune de savoir *nager* ; j'avais *décidé* de *gagner* la côte la plus proche lorsque nous *coulâmes* ; je *sautai* dans un canot... — 8. Ah, certes, je *souhaiterais* que la paix *résultât* de cette conférence ! — 9. Enfant, *cultive* ton jardin. — 10. Peu après la défaite de Napoléon à Leipzig les alliés *imposèrent* la paix. — 11. Je *prépare* le travail, mon fils l'*exécute*. — 12. Après deux heures d'efforts vous *remportiez* la victoire, tu *triomphais*, je dus *abandonner* tout espoir de revanche.

III. *Verbes en* e. FORMES PARTICULIÈRES. — 1. Si nous *traçons* la diagonale d'un rectangle nous le *partageons* en deux parties égales. — 2. Un chemin *côtoie* la rivière. — 3. A Marignan l'armée française *enfonça* les troupes autrichiennes. — 4. Qui *paye* (ou *paie*) ses dettes s'enrichit. — 5. J'*appelle* un chat un chat... — 6. L'eau se *congèle* à 0°,

(1) Nous avons quelquefois laissé la forme usuelle.

— 7. Nous *appelons* votre attention sur la conjugaison des verbes. — 8. L'Académie a décidé qu'on devait écrire : il *siège*, vous *cédez*, tu *révèles*, il s'*ennuie*, je *jetterai*. — 9. Les jeunes enfants *épellent* les mots avant de les lire. — 10. Le maître *corrigera* nos fautes. — 11. A la campagne les écoliers *mènent* trop souvent paître les vaches. — 12. Le ministre décida que les étrangers *paieraient* une taxe de séjour. — 13. *Essayons* toujours de faire de notre mieux. — 14. Je vous *ennuierais* en vous racontant mes soucis. — 15. Nous *nettoierons* maintenant nos dents chaque matin. — 16. Il est rare que les concierges *décachettent* les lettres. — 17. Si vous n'applaudissez pas il *abrégera* son discours. — 18. Enthousiasmés nous *criions* : Vive l'Empereur !... — 19. Ne *jetez* jamais par les portières... etc. — 20. Ne vous fâchez pas si nous *rions*. — 21. *Espacez* bien vos mots. — 22. Nous désirons que vous ne l'*oubliiez* pas. — 23. Mieux vaut ...*abréger* qu'*ennuyer*. — 24. Dès que le loup parut tous les chiens *aboyèrent*.

Test **accord de verbes**

Technique : Cf. test auxiliaires *avoir* et *être*

Correction : Le but de ce test est de vérifier l'accord des verbes avec leur sujet, selon la nature de celui-ci. On ne relèvera donc que ces fautes d'accord.

1° Pour un classement, totaliser par enfant le nombre des accords corrects.

2° Pour l'enseignement, chercher les accords qui ne sont pas correctement orthographiés par les 3/4 des élèves ; puis, par d'autres exemples, essayer de faire comprendre ou découvrir les raisons qui expliquent l'accord.

Verbes à dicter :

1. se couvrent — chantent — bourdonnent	17. brûlaient
2. donnaient	18. renferme
3. vivent — disent	19. aiment
4. avez	20. était étendu
5. impose	21. reste
6. importent	22. c'était
7. apaise	23. sonnent
8. fermaient	24. es
9. étaient inconnus	25. parlaient
10. impose	26. prends — vends
11. gardait	27. faisais
12. révèlent	28. as
13. sauraient	29. passez
14. quittent	30. rêve — va
15. n'empêche	31. caressant
16. gisaient	32. intrigants (ou intriguant) — fatigants (1)

(1) Ce dernier exemple ne contrôle pas à proprement parler une règle d'accord mais bien plutôt la différence d'orthographe qui existe entre certains adjectifs et certains participes présents.

Test **participes passés,** *etc.* (1)

Une feuille étant remise à chaque enfant, l'élève n'a qu'à suivre les indications qui y sont écrites. On s'inspirera pour la correction des mêmes principes que pour la correction des tests précédents.

Th. S.

(1) Pour les tests *auxiliaires* et *verbes en e*, cf. bulletin de la Soc. A. Binet, n°s 214-215.

Pour les tests *accords de verbes* et *participes passés*, cf. bulletin, n°s 214-215.

CAHORS, IMPRIMERIE COUESLANT (*personnel intéressé*). — 34.016

Nom et prénoms..................................... Date de naissance ______

1. un appartement clair, une eau.................................

2. un jouet pareil, une poupée.................................

3. un miroir plan, une surface.................................

4. du pain complet, une édition.................................

5. un chien roux, une perruque.................................

6. un propos ambigu, une situation.................................

7. un amas compact, une masse.................................

8. un mol oreiller, une cire.................................

9. un lac africain, une montagne.................................

10. un visage vieillot, une gravure.................................

11. un ordre exprès, une défense.................................

12. le bord postérieur, la face.................................

13. un joli verre, une................................. fleur.

14. un résultat nul, une composition.................................

15. un personnage muet, une carte.................................

16. un invalide manchot, une mendiante.................................

17. un vin amer, une tisane.................................

18. le mode majeur, une tierce.................................

19. un bœuf gras, une oie.................................

20. un air ancien, une................................. chanson.

21. un page fluet, une complexion.................................

22. un cœur jaloux, une humeur.................................

23. un sommeil léger, une étoffe.................................

24. un règlement caduc, une loi.................................

25. un tyran cruel, une guerre.................................

26. un bon coq, une................................. poule.

27. un religieux discret, une variole.................................

28. du cidre doux, une................................. chaleur.

29. un son aigu, une voix.................................

30. un profil grec, une grammaire.................................

Soc. A. Binet. Test : féminin des adj.

Nom et prén._______________ Date de naiss._______________ Le_______________

1. A_______________ vêtue une pauvre fille marchait_______________
   pieds ; elle était tête_______________.

2. Jean doit prendre chaque matin, à 7 heures et_______________
   une cuillerée et_______________ d'huile de foie de morue.

3. Ses parents,_______________ de l'application de Pierre, le
   firent entrer dans une école supérieure.

4. Faites le moins de fautes_______________ ; faites tous les efforts
   _______________.

5. J'ai acheté des étoffes_______________, des rubans_______________,
   des robes_______________, des souliers_______________.

6. Ma marraine a des cheveux _______________, des yeux
   _______________ ; elle porte une robe_______________.

7. Le ciel avait des tons_______________.

8. On ne voit heureusement plus guère de buveurs_______________.

9. Des frissons, un mal de tête sont souvent les signes
   _______________ d'une affection fébrile grave.

10. Saint Vincent de Paul se préoccupa l'un des premiers du
    sort des enfants_______________.

11. Ne faites pas vos_______________ comme vos_______________.

12. Les_______________ voix de la renommée proclament son
    mérite.

13. L'hospice des_______________ fut fondé pour le trai-
    tement des affections des yeux.

14. J'avais prêté_______________ francs à mon cousin.
    Il m'en a déjà rendu_______________.

15. Vous trouverez ce renseignement à la page_______________.

16. Vos raisons sont insuffisantes, impudentes_______________.

17. Leurs châteaux, leurs épouses, leurs enfants_______________
    les croisés avaient hâte de tout laisser là.

18. Les élèves................ont accepté la punition.

19. Il faut sacrifier ses affections,................les plus chères,
pour le devoir.

20. ....les élèves de cette classe sont studieux.

21. Paul et Jean sont voisins,................deux sont du même
âge.

22. ....âme ambitieuse est incapable de règle.

23. Mon cousin a des enfants................pleins d'esprit.

24. Au soleil couchant la forêt parut................enflammée.

25. J'espère que vous êtes................oreilles.

26. La société à Paris est................autre qu'en Province.

27. La modestie, plus que................autre chose, relève
infiniment l'éclat de l'esprit.

28. ....bons écrivains ont obtenu le prix Goncourt.

29. ....puissants qu'ils soient les rois sont exposés à
perdre leur trône.

30. Il y a................vingt ans que je le connais.

31. ....savants docteurs qu'ils aient consultés, leur
malade n'a pas guéri ;................savants docteurs que
soient vos amis, ils ne pourront le tirer d'affaire.

32. ....soit la colère d'un aliéné,................en
soient l'intensité et le caractère, on ne peut lui en garder
rancune.

33. Les abeilles rencontrent-elles................
ayant une cavité, elles s'y arrêtent.

34. ....gens êtes-vous donc pour avoir de telles
pensées ?

35. Les Indiens ornaient................de plumes. Les cha-
meaux couchés derrière le buisson ne laissaient voir
que................

Test : Adjectifs indéfinis et autres difficultés. Soc. A. Binet.

CAHORS, IMP. A. COUESLANT (personnel intéressé). — 31.525

SOCIÉTÉ ALFRED BINET

Secrétariat : 3, Rue de Belzunce. Paris-X⁰

Nom et prénom ....

Date de naissance ....

Ecole ....

Cours ....

Le ....

	Orthographes correctes	Age d'orthographe
Auxiliaires *avoir* et *être*		
Verbes en *e* : I. Temps et personnes.		
— II. Formes spéciales....		

Test de conjugaison (*avoir*, *être* et verbes en *e*). — Soc. A. Binet.
Cf. *Bull. de la Soc. A. Binet*, nº 210.

Auxiliaires « avoir » et « être »

1. Si *tu y réfléchis tu .... le premier .... convenir qu'il n'y .... pas de sot métier.*

2. *Je .... plus âgé aujourd'hui que je n' .... le mois dernier.*

3. *Le cheval, le chien, le bœuf .... des animaux domestiques.*

4. *Il n' .... personne qui puisse dire : je n' .... pas de défaut.*

5. *Bien qu'ils .... de petite taille les roquets, ... très bruyants, suffisent à effrayer les voleurs.*

6. *Puisque tu .... la chance de posséder tes vieux parents, il faut que tu .... pour eux toutes sortes d'attentions.*

7. *Quand il .... 9 mois cette mère sèvrera son enfant.*

8. *Quelle .... la joie des matelots de Colomb en apercevant la terre !*

9. *Tu .... jeune, ... confiance en l'avenir.*

10. *Enfants, ... prudents.*

11. *............ raison, nous .... décidés à nous défendre.*

12. *Il y .... deux jours que le navire .... parti lorsque la tempête éclata.*

13. *Quoi qu'il m' .... dit, je l' .... cru tant j' .... confiance en lui.*

14. *Si les Américains .... trop d'or, nous .... nous trop de dettes.*

15. *Après avoir .... reçu chez le directeur, à peine .... -je .... le temps de passer .... la poste.*

Verbes en « e ». Temps et personnes

1. Je........................ jusqu'au bout.

2. Un pompier .... le mur.

3. En........................ tu .... le gibier.

4. Si tu .... ton métier tu le .... facile.

5. Pendant que nous........................ cette haie, vous........................ ;
l'allée afin que nos visiteurs........................ le jardin en
bon état.

6. Ces messieurs .... leur cigare pendant que
nous nous........................ .

7. Louise........................ sans faute : les vagues........................
le pont ; le navire .... perdu ; nous........................
.... tous de périr ; seul je........................ la rare
fortune de savoir .... ; j'avais .... de
.... la côte la plus proche, lorsque nous........................
.... ; je .... dans un canot...

8. Ah, certes, je........................ que la paix........................
.... de cette conférence.

9. Enfant, ... ton jardin.

10. Peu après la défaite de Napoléon à Leipzig les Alliés
.... la paix.

11. Je .... le travail, mon fils l'........................ .

12. Après deux heures d'effort vous........................ la victoire, tu .... , je dus........................
tout espoir de revanche.

Verbes en « e ». Formes spéciales

1 *Si nous* .... *la diagonale d'un rectangle, nous* **le** .... *en deux parties égales.*

2 *Un chemin* .... *la rivière.*

3. *A Marignan l'armée française* .... *les troupes autrichiennes.*

4. *Qui* .... *ses dettes s'enrichit.*

5. *J'* .... *un chat un chat, et Rollet un fripon.*

6. *L'eau se* .... *à 0°.*

7. *Nous* .... *votre attention sur la conjugaison des verbes.*

8. *L'Académie a décidé qu'on devait écrire : il* ....*, vous* ....*, tu* ....*, il s'* ....*, je* .... *.*

9. *Les jeunes enfants* .... *les mots avant de les lire.*

10. *Le maître* .... *nos fautes.*

11. *A la campagne les écoliers* .... *trop souvent paître les vaches.*

12. *Le ministre décida que les étrangers* .... *une taxe de séjour.*

13. .... *toujours de faire de notre mieux.*

14. *Je vous* .... *en vous racontant mes soucis.*

15. *Nous* .... *maintenant nos dents chaque matin.*

16. *Il est rare que les concierges* .... *les lettres.*

17. *Si vous n'applaudissez pas il* .... *son discours.*

18. *Nous étions enthousiasmés, nous* .... *Vive l'Empereur ! L'empereur restait impassible.*

19. *Ne* .... *jamais par les portières des wagons des objets qui puissent blesser.*

20. *Ne vous fâchez pas si nous* ....

21. .... *bien vos mots.*

22. *Nous désirons que vous ne l'* .... *pas.*

23 *Mieux vaut, n'est-il pas vrai,* .... *qu'* ....

24 *Dès que le loup parut tous les chiens* ....

Nom et prénoms .... Date de naissance ....

Cours .... le ....

Placer, dans les phrases ci-dessous, au participe passé, les verbes qui sont écrits dans la marge en face de chacune d'elles.

RECEVOIR ENVOYER	1. *J'ai bien* .... *les lettres que vous m'avez* ....
CORROMPRE ESTIMER	2. *Quelque* .... *que soient les mœurs la vertu reste* ....
COUPER BLESSER	3. *Jeanne s'est* .... *la main, elle s'est* ....
LIRE-FAIRE	4. *J'ai* .... *tous les volumes qu'il a* .... *paraître.*
TERMINER	5. *La guerre semble* ....
LAISSER	6. *Ces élèves se sont* .... *surpasser.*
FAIRE POUVOIR	7. *Je lui ai* .... *tous les reproches que j'ai* ....
AMUSER	8. *Nous nous sommes* .... *de lui.*
RIRE	9. *Vous vous êtes* .... *de mes conseils.*
TOMBER	10. *Des arbres brisés par l'orage sont* .... *dans le ravin.*
INVENTER	11. *Les montres auraient été* .... *en Italie.*
CUEILLIR GARDER	12. *Voici des fleurs que j'ai* .... *pour vous ; j'en ai* .... *pour moi.*
DONNER MORDRE	13. *Simone a* .... *un coup de bâton au chien qui l'avait* ....

TEST. *Participes passés*, 2ᵉ série.

SOCIÉTÉ ALFRED BINET

Secrétariat : 3, Rue de Belzunce. Paris-X^e

Nom et prénoms .... Date de naissance ....

Cours .... le ....

Placer, au présent de l'indicatif, dans les phrases ci-dessous, les verbes qui sont écrits dans la marge en face de chacune d'elles :

CONCEVOIR GEINDRE-RIRE	*Je ne .... pas un enfant capricieux, qui tantôt ...., tantôt ....*
VOULOIR VALOIR	*Je ne .... pas dire ce que tu ....*
CROITRE	*Son désir .... tous les jours.*
DISSOUDRE	*L'eau .... le sucre.*
PROMETTRE-TENIR	*Il .... et ne .... point.*
PLOYER-ROMPRE	*Il .... et ne .... point.*
MOURIR	*Je me ....*
PARTIR-ACCOURIR	*Je ...., j' ....*
ASSEOIR-ENDORMIR	*Je m' ...., je m' ....*
APPRENDRE ACQUÉRIR	*Chaque jour j' ...., chaque jour j' ....*
COUDRE-TRAIRE BATTRE-MOUDRE PEINDRE ECRIRE-INSTRUIRE FAIRE	*Je .... mes robes, je .... les vach s, je .... le beurre, je .... le café, je .... mes chaises de jar din, j' .... des lettres, j' .... mes enfants, bref je .... tout dans la maison.*
MENTIR	*Je ne .... jamais.*
ALLER	*Puisque ton frère .... à la poste, inu- tile de te déranger.*
POINDRE	*Le jour ne .... pas encore.*
BOUILLIR	*Il est prudent, dès que le lait .... de le retirer du feu.*

TEST. *Verbes des 2e et 3e groupes et verbes irréguliers.*

RÉSOUDRE.	16. *Telles sont les fautes que nous avons* .... *d'éviter.*
REPENTIR.	17. *Bossuet raconte d'Anne de Gonzague qu'elle s'est* .... *d'avoir souhaité une mort douce.*
DONNER.	18. *Mère attentive, elle s'était* .... *pour modèle à ses enfants.*
DEVENIR. CONFIER.	19. *Que sont* .... *les sommes qu'on vous avait* .... *?*
COUTER. ACCOMPAGNER.	20. *Que de sang ont* .... *ces funestes conquêtes! Que de pertes les ont* ....
ENTENDRE.	21. *Châteaubriand écrit de sa tante qu'il l'avait souvent, dans son enfance,* .... *chantonner.*
RENDRE. POUVOIR.	22. *Nous leur avons* .... *tous les services que nous avons* ....
ARROGER.	23. *Bien souvent les Etats généraux s'étaient* .... *des droits qu'ils n'avaient pas.*
CROIRE.	24. *Cette lettre est plus intéressante que nous l'avions* ....
PASSER.	25. *Le temps des dangers* .... *le village reprit son existence...*
SERVIR.	26. *Cet homme les a bien* ....
NIER. RECEVOIR.	27. *Quelle somme avez-vous* .... *avoir* .... *?*
EPARGNER.	28. *Ces deux boxeurs se sont* .... *mutuellement.*
GAGNER.	29. *Turenne rendait-il compte d'une bataille, il n'oubliait rien sinon que c'était lui qui l'avait* ....
RENCONTRER. DÉVALISER.	30. *La troupe de voleurs que nous avons* .... *nous a* ....

Test participes passés, verbes réfléchis, etc. Cf bulletin de la Soc. A. Binet, nᵒˢ 214-215.

Nom .... Date de naiss. .... Le ....

Compléter les phrases suivantes avec les participes passés des verbes qui sont écrits dans la marge en face de chacune d'elles :

RENCONTRER. DONNER.	1. *Les amis que nous avons .... nous ont .... de vos nouvelles.*
EXCEPTER.	2. *Tous viendront, les enfants ....*
FAIRE.	3. *La violence de la tempête les a .... s'échouer.*
FATIGUER. LAISSER. DORMIR.	4. *Comme les voyageurs étaient .... on les a .... manger avant de les interroger. Les quelques heures qu'ils ont .... les ont remis de leurs fatigues.*
IMAGINER.	5. *Strabon et Pline s'étaient .... que la mer Caspienne était un golfe de l'Océan hyperboréen.*
RÉPANDRE.	6. *Que de sueur et de sang les conquérants ont ....*
TOMBER.	7. *Que de pommes .... !*
CUEILLIR.	8. *Puisque vous avez .... ces fleurs, il faut en faire un bouquet.*
VOIR.	9. *........................ la chaleur, on ne peut travailler en Portugal comme en Suède.*
PRIER.	10. *Mme Hugon est la personne que nous avons .... de chanter.*
EMPARER.	11. *Les ennemis se sont .... de la ville.*
SUCCÉDER.	12. *Longtemps les rois se sont .... de père en fils.*
ROMPRE. INONDER.	13. *Les digues une fois ...., la ville fut ....*
DEMANDER. ACCORDER.	14. *Toutes les dignités que tu m'as .... Je te les ai sur l'heure et sans peine ....*
ENTENDRE.	15. *La fable que j'ai .... réciter était fort jolie.*

16. *Un grand nombre de Troyens* .... *morts ou mourants.*

17. *Une foule de villages* ....

18. *Ce peu de mots* .... *bien des occasions de fautes.*

19. *Peu d'enfants* .... *la contrainte.*

20. *Un des corsaires* .... *sur la plage.*

21. *5 et 4 font 9 ; ôtez 2,* .... *7.*

22. .... *des Grecs de Marseille que les Gaulois avaient appris la fabrication du vin.*

23. *Onze heures* ....

24. *Est-ce toi qui* .... *le premier ?*

25. *J'ai rencontré des aliénés : il y en avait qui* .... *tout seuls.*

26. .... *ces fruits, et* .... *les.*

27. *C'est moi qui suis Perrette, qui* .... *des projets.*

28. *Salut, France, qui tant de fois déjà* .... *servi de rempart au monde.*

29. *J'ai faim ; vous qui* .... *daignez me secourir.*

30. *Paysanne, ne* .... *point de la vie des villes, ne* .... *pas où l'on étouffe...*

31. *J'aime voir de jeunes enfants* .... *leur mère.*

32. *Des courtisans* .... *sont* .... *pour tout le monde.*

Test accord de verbes. Cf. bulletin Soc. A. Binet, n°ˢ 214-215.   34.016

Nom et prénoms.. Date de naiss. ....

1. Les arbres .... de feuilles ; les oiseaux .... sous le feuillage ; les mouches .... parmi les fleurs.

2. Sa taille assez grande, sa démarche aisée lui .... l'allure militaire.

3. .... les vacances, ... les écoliers.

4. Je vois que toi et ton frère .... remporté cette année tous les prix.

5. La nécessité autant que la sagesse .... la loi de travailler sérieusement.

6. N'est-il pas faux d'écrire : qu'.................. le passé, la vérité historique.

7. Une parole, un sourire .... sa colère.

8. Une ânesse avec son ânon .... la marche.

9. Cette recette ainsi que le mode d'application leur..................

10. Fréquentez de préférence les personnes dont l'âge ou le mérite .... le respect.

11. Un suisse avec sa hallebarde .... la porte.

12. Il arrive qu'une médaille ou une inscription .... des faits importants de l'histoire.

13. C'est un sportif que ni la pêche, ni la chasse ne .... satisfaire.

14. La plupart des lycéens .... Paris dès le 15 juillet.

15. La multiplicité des remèdes .... pas les hommes de mourir.

un plateau ....
un éléphant ....
un fruit ....
un châle ....
du vin ....
un bras ....
un aveu ....
un instrument ....
un air ....
un terrassier ....
un regard ....
un **ton** ....

un .... meuble.
un fruit ....
un ordre ....
un .... chemin.
un martyr ....
un prince ....
un désir ....
un .... édredon
un .... habit.
un compagnon ....
un remède ....
un soulier ....

un .... propos.
un nombre ....
un fromage ....
un bonnet ....
un discours ....
un poisson ....
un bandit ....
un discours ....
le jugement ....
un .... abandon.
un écrivain ....

Soc. A. Binet. Test : Adj. Orth. Us.

SOCIÉTÉ ALFRED BINET

Secrétariat : 3, Rue de Belzunce, Paris-X^e

Nom... Le ....

1. Le......................... de la route n'est pas le..... .... du chemin de fer.

2. Mon cordonnier tirait......................... à perdre.........................

3. Un......................... proclame la gloire des.........................

4. Une......................... ne peut servir à cultiver le.........................

5. On appelle......................... le temps qui s'écoule entre deux sessions d'un examen, et......................... l'action d'intercéder.

6. On ne va pas à la......................... après avoir pris du.........................

7. Trouver trois mots qui se prononcent à peu près de même, et dont :

    le premier désigne une note de musique.........................

    le second un poisson plat.........................

    et le 3e un arbre au bord des rivières.........................

8. Le......................... est l'enduit métallique qui transforme une glace en miroir ; le coloris du visage s'appelle le .... ; le......................... est une plante odorante.

9. Mon.........................nerveux me secoue, et mon chien secoue ses.........................

10. La.........................conquise est venue payer son.........................

11. Les enfants qui ne savent pas l'orthographe écrivent souvent la......................... du chemin de fer comme la......................... d'un ténor.

12. Un.........................est-il.........................?

13. Pour désigner le petit d'un lièvre on a tendance à écrire ....tandis qu'on doit écrire.........................

14. Dans une .... très .... j'ai perdu un ....

15. .... c'est combattre, et.........................c'est enduire d'un mastic un flacon qu'on veut boucher hermétiquement.

16. J'ai déjeuné d'un__________ de veau et d'un__________ au lait.

17. Sr Angèle, native de__________ lorsqu'elle fut atteinte d'une maladie de __________ à Ste-__________-la-Grande trouva maintes__________ du réconfort dans sa__________.

18. J'ai payé mon__________, criait Colas. — «__________» répétait l'__________.

19. Après m'avoir tenu sur les__________ baptismaux mon parrain est allé diriger un__________ de boulangerie au __________ d'une jolie vallée dont les touristes __________ souvent la visite.

20. M. le__________ se trompe dans ses__________ parce qu'il compose un__________pour son fils.

21. Écrit-on un__________ de veau comme un__________ de chevreuil ?

22. Vers quelle__________cueille-t-on les__________?

23. Les enfants écrivent souvent : on__________un coupable à la justice ; et : je dois__________ un ourlet. Vous-même écrivez donc sans faute : on__________un cheval.

24. Ne pas confondre un__________insigne d'un grade, et un__________mesure de liquide.

25. __________des plumes de__________à mon chapeau, et une garniture de__________ à ma jaquette ; le __________d'eau les a éclaboussées.

26. La__________des végétaux est une maladie comme la __________de la peau.

27. Comment écrivez-vous à votre fille__________que vous lui envoyez une__________.

29. On n'écrit pas de la même façon : l'__________chrétiénne ; un pauvre__________ ; prendre la__________ ; pren-

dre l'............................ou mesurer l'............................d'un champ.

28. Ce n'est pas seulement d'un point de vue orthographique qu'il y a une différence entre l'............................qu'on mange, et............................qu'on paye.

30. J'ai dû donner des............................pour avoir cette propriété de cent............................

31. ....aux corneilles n'est pas............................

32. J'ai trouvé une............................de fusil dans une............................ d'avoine.

33. ...., mon mouchoir de............................!

34. Installée dans sa............................une institutrice maternelle racontait l'histoire du petit Poucet... « Oh, la bonne odeur de............................fraîche ! faisait-elle dire à l'ogre ; et quel bon dîner je vais faire ! — L'ogre est donc bien riche ? demanda un enfant, car la bonne............................coûte bien ....! »

35. En décrivant des............................dans un cirque un cheval a heurté un fil électrique où passait un courant de cent ....

36. Je fais le............................du terrain où je désire mettre plusieurs............................de poiriers.

37. Après avoir graissé le............................à l'aide d'une longue ....j'ai ouvert la porte sans............................

38. La boiserie de la............................en jouant a fait entendre comme une............................

39. ....est le cinquième mois de l'année ; une............................ est un pétrin ; un............................est un aliment ; le mot ....est une conjonction... M............................enfants, que de............................!

40. Ne pas confondre l'eau-de-vie de............................avec l'eau de ....

41. ....était fort....................quand elle conta son
aventure à son.........................

42. Un.........................est une fable ; une.........................est un
insecte.

43. Pendant la.........................le modèle quitte la.........................

44. Hier, un pêcheur m'a vendu une.........................; le charron
m'a rapporté la roue dont il avait réparé les.........................,
et moi-même j'ai tendu des.........................

45. Lorsqu'un.........................de marée se produit, détruisant
tout à.........................du sol, c'est un sauve-qui-peut chez
les.........................

46. En faisant un.........................un.........................fit tomber dans
un.........................le.........................d'un notaire de la ville
de.........................

47. Dans une de ses.........................Horace décrit un.........................

48. ....pères capucins, ... de corps et
d'esprit, et.........................de leur......................... por-
taient sur leur.........................le.........................du.........................
Père.

49. Dans la dernière chasse à.........................de la.........................
un cheval tournant trop.........................est tombé dans un
.........................d'eau.

50. Inépuisables sont les homonymes de notre langue. Citons
encore : l'.........................des navires et l'.........................avec
laquelle nous écrivons ; le.........................qu'on brûle dans
nos fourneaux et le.........................que fait rôtir la cuisi-
nière ; la.........................du cordonnier et les.........................
des bascules ou les.........................du maraîcher, etc., etc.

.140 homonymes. Test d'orthographe d'usage. Soc. A. Binet.

CAHORS, IMP. A. COUESLANT (personnel intéressé). — 31.525

Nom .... Date de naissance .... Le ....

1. un navet, des	24. un licou, des
2. un fils, des	25. un caillou, des
3. un nez, des	26. un cérémonial, des
4. un bleu, des	27. un bancal, des
5. un bijou, des	28. un soupirail, des
6. un amiral. des	29. le ciel les,
7. un festival, des	30. un matelas, des
8. un gouvernail. des	31. une faux, des
9. un bisaïeul, des	32. un poteau. des
10. un si, des	33. un verrou, des
11. un tronc, des	34. un général, des
12. un burnous, des	35. un cal, des
13. un gaz, des	36. un chacal, des
14. un landau, des	37. un travail, des
15. un chou, des	38. un œil, des
16. un bal, des	39. un prix, des
17. un régal, des	40. un cheveu, des
18. un éventail, des	41. un clou, des
19. un aïeul, des	42. un journal, des
20. un parce que, des	43. un choral, des
21. une écurie, des	44. un épouvantail, des
22. une croix, des	45. un corail, des
23. un noyau, des	46. un pourquoi, des

Soc. A. Binet. Test : Plur. des noms.